まちごとインド

South India 004 Mahabalipuram

マハーバリプラム

浜辺に展開する「石刻芸術の世界」

மகாபலிபுரம்

Asia City Guide Production

【白地図】南インド

INDIA
南インド

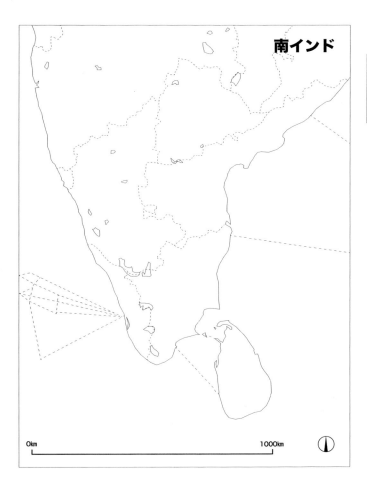

【白地図】タミルナードゥ州

INDIA
南インド

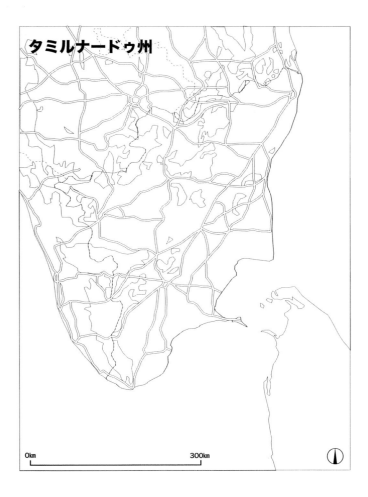

【白地図】マハーバリプラム

INDIA
南インド

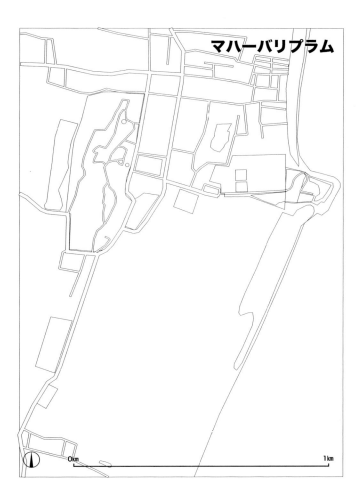

【白地図】マハーバリプラム市街部

【白地図】海岸寺院

INDIA
南インド

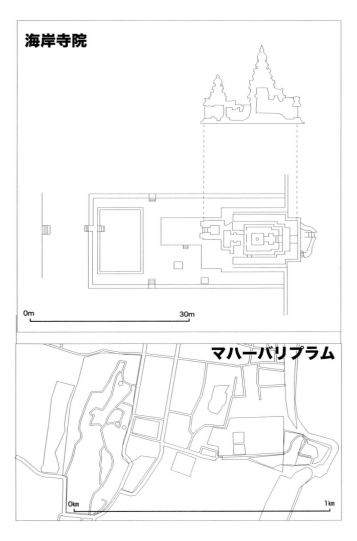

【白地図】石窟寺院中央群

INDIA
南インド

【白地図】石窟寺院北群

INDIA
南インド

【白地図】石窟寺院南群

INDIA
南インド

【白地図】パンチャラタ

INDIA
南インド

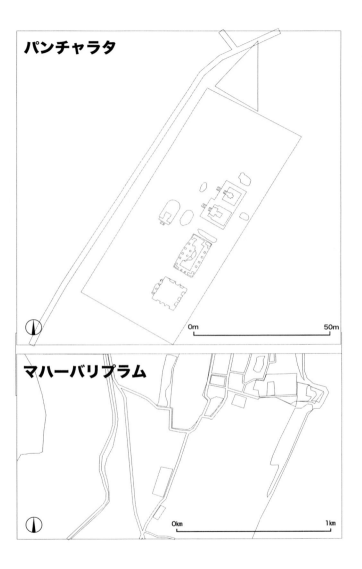

【白地図】マハーバリプラムとチェンナイ

INDIA
南インド

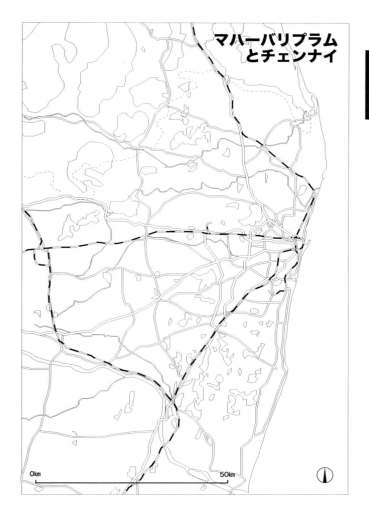

【まちごとインド】
南インド 001 はじめてのタミルナードゥ
南インド 002 チェンナイ
南インド 003 カーンチプラム
南インド 004 マハーバリプラム
南インド 005 タンジャヴール
南インド 006 クンバコナムとカーヴェリー・デルタ
南インド 007 ティルチラパッリ
南インド 008 マドゥライ
南インド 009 ラーメシュワラム
南インド 010 カニャークマリ

INDIA
南インド

チェンナイから南に60km、ベンガル湾にのぞむ小さな街マハーバリプラム。6世紀ごろ、カーンチプラムを都とするパッラヴァ朝の外港がおかれたことで開け、この王朝のもとで建造された多くのヒンドゥー寺院が残る。

潮風を受けながら海に向かって立つ「海岸寺院」、巨大な岩塊から彫り出した岩石寺院「パンチャ・ラタ」、岩壁にあふれるばかりの神々や動物が描き出された「アルジュナの苦行」。ヒンドゥー美術の傑作にあげられる作品が一堂に会し、それらは世界遺産にも登録されている。

மகாபலிபுரம்
マハーバリプラム
Mahabalipuram

　6〜8世紀のパッラヴァ朝時代、マハーバリプラムは海洋貿易の拠点となっていて、東南アジアやスリランカとの船が往来した。この地で育まれた美術様式や文化は東南アジアに伝播し、またデカン高原のエローラ第16窟カイラサナータ寺院にも影響をあたえることになった。

【まちごとインド】
南インド 004 マハーバリプラム

目次

マハーバリプラム………………………………………………xxii

百花繚乱のインド美術…………………………………………xxx

海岸寺院鑑賞案内 ………………………………………………xl

中央群鑑賞案内 …………………………………………………xlvii

北群鑑賞案内……………………………………………………lviii

南群鑑賞案内 ……………………………………………………lxviii

パンチャラタ鑑賞案内 …………………………………………lxxv

郊外城市案内 ……………………………………………………lxxxviii

石の芸術石のインド ……………………………………………xciv

【MEMO】

【地図】南インド

INDIA
南インド

【地図】タミルナードゥ州

INDIA
南インド

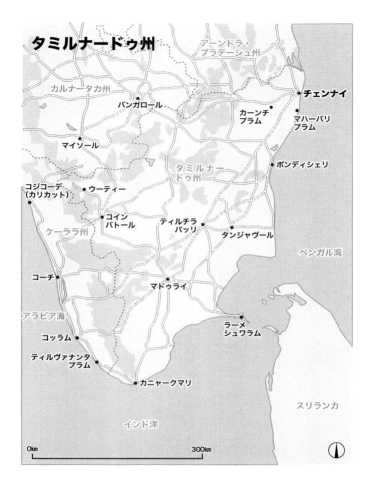

百花繚乱のインド美術

INDIA
南インド

6〜8世紀にマハーバリプラムを外港としたパッラヴァ朝
海岸寺院や神々の像を彫り出した彫刻など
南インドの黄金期とも言えるヒンドゥー美術が見られる

パッラヴァ朝の至宝

6〜8世紀、首都カーンチプラムを中心にタミル地方北部に展開したパッラヴァ朝。この王朝の最盛期であったナラシンハヴァルマン1世(630〜668年)の時代にマハーバリプラムに石窟寺院や岩石寺院が造営され、ナラシンハヴァルマン2世(700〜728年ごろ)の時代に海岸寺院が建立された。石材を使った建築と彫刻が融合したインド美術が展開し、マハーバリプラムではその傑作を見ることができる(パッラヴァ朝のもとタミル地方のインド化が進み、ヒンドゥー教が他の宗教を圧倒していった)。

Mahabalipuram 百花繚乱のインド美術

マハーバリプラムとマーマッラプラム

かつてマハーバリプラムは、この地に多くのヒンドゥー寺院を残したナラシンハヴァルマン1世の称号マーマッラ(「偉大なる戦士」)にちなむマーマッラプラムと呼ばれていた。王は7世紀、北インドのハルシャ・ヴァルダナ、西インドのプラケシン2世とならぶ勢力を誇り、スリランカや東南アジアへの窓口となるこの港に自身の称号を冠した。一方、マハーバリプラムという地名は、「大魔神バリの支配する街」に由来すると言われ、ヴィシュヌ神が悪魔バリを退治したことでこの地がヒンドゥー化されたという(この地方土着の神が悪

INDIA
南インド

魔にされ、ヒンドゥー化が正当化された)。

古代の海港

マハーバリプラム近郊からローマの貨幣が発見され、1世紀ごろの船着場跡も確認されている(武帝がベトナムへ進出し、マレー半島を越えて中国と南インドとの交易があったことが『漢書地理志』に記されている)。6世紀のパッラヴァ朝時代、この地は南インドとスリランカ、東南アジアを結ぶ港湾都市となり、パラール川を通じて65 km上流の首都カーンチプラムと結ばれていた。商船が運ぶ物資をあつかう市場や倉庫が

▲左 世界遺産にも指定されているマハーバリプラム。　▲右　巨大な石の芸術

ならび、またパッラヴァ朝以前に建てられたムルガン寺院の跡も見つかっている。

マハーバリプラムの構成

大きく3つのエリアにわかれて遺跡が展開するマハーバリプラム。中央にむき出しの花崗岩の丘があり、ここに残る石窟寺院、岩壁彫刻のなかでは『アルジュナの苦行』や『クリシュナのバターボール』が代表作となっている。この丘のちょうど500mほど東にベンガル湾に面して海岸寺院が立つ（7世紀に造営された他の遺跡にくらべて、海岸寺院は8世紀と

▲左 オート・リキシャ、少しの距離の移動で重宝する。　▲右 パンチャ・ラタにある象の彫刻、巨大な岩石から抽出された

年代がやや遅い)。また中央の丘陵の南1kmに岩石寺院パンチャ・ラタが残り、以上の3つが世界遺産マハーバリプラムを構成する。マハーバリプラムは7世紀のナラシンハヴァルマン1世のときに絶頂期を迎え、8世紀のナラシンハヴァルマン2世のときに二度目の繁栄期を迎えた。

【MEMO】

【地図】マハーバリプラムの [★★★]

- [ ] アルジュナの苦行 Arjuna's Penance
- [ ] クリシュナのバターボール Krishna's Butter Ball
- [ ] 海岸寺院 Shore Temple
- [ ] パンチャ・ラタ（5つの山車）Pancha Rathas

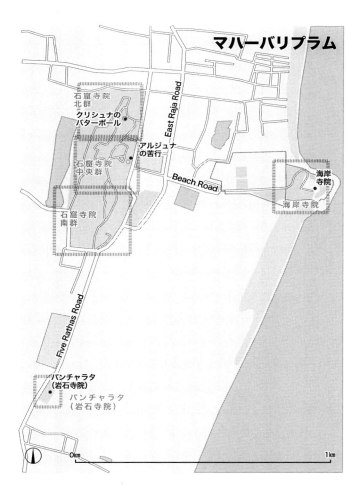

【地図】マハーバリプラム市街部の ［★★★］
- [ ] 海岸寺院 Shore Temple
- [ ] アルジュナの苦行 Arjuna's Penance

【地図】マハーバリプラム市街部の ［★☆☆］
- [ ] タラシャヤナ・ペルマール寺院
  Thalasayana perumal Temple

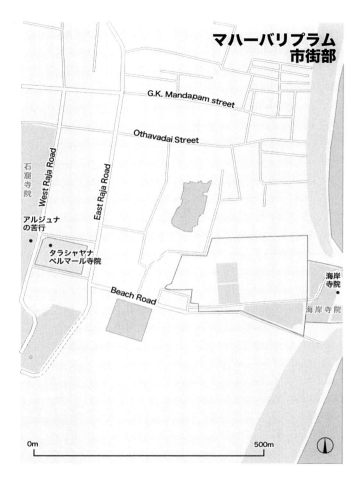

**Guide,
Shore Temple**

海岸寺院
鑑賞案内

INDIA
南インド

ベンガル湾に面し、海岸ぎりぎりに立つ海岸寺院
南インド石積み寺院の最初期のかたちを残し
カーンチプラム、エローラへとその様式が伝わった

海岸寺院 Shore Temple ［★★★］

ベンガル湾からの潮風と波を受けながら美しいたたずまいを見せる海岸寺院。「ラージャシンハ王」の愛称をもつパッラヴァ朝のナラシンハヴァルマン2世（700〜728年）の命でつくられたもので、切り出した石を積みあげる石積寺院となっている。本殿はピラミッド状の十三層からなる細身の屋根をもち、祠堂にはシヴァ・リンガが安置されている（砲弾型の屋根をもつ北方型に対して、南方型寺院はピラミッド状に石材を積みあげ、屋根に頂飾をおく）。また寺院の外壁にはパッラヴァ朝の守護神でもあった獅子の彫刻がほどこされ

Mahabalipuram 海岸寺院鑑賞案内

▲左　ベンガル湾にのぞむ海岸寺院。　▲右　聖なる牛の彫刻がならぶ

ている。南方型寺院の傑作にあげられるこの海岸寺院が建造された直後、パッラヴァ朝の首都カーンチプラムに同様の様式でカイラサナータ寺院が建立された。

南方型石積み寺院の展開

古い時代、ヒンドゥー寺院は樹木などの祠や木造建築だったが、やがて石窟寺院が岩山に開削され、続いて「切り出した石を積みあげる（石積寺院）」という技術が発明された。石材を運搬することで、平地にある首都（カーンチプラムのカイラサナータ寺院）、交易が行なわれる港（マハーバリプラ

▲左 海岸寺院の彫刻、ものによっては風化が進んでいる。　▲右 海岸寺院のすぐ東に広がるベンガル湾

ムの海岸寺院)に王権の意図で寺院が建立されるようになり、寺院の形態が大きく変わった。8世紀に建立された海岸寺院は、南方型石積み寺院の最初期のもので、寺院建築の変化が仏教やジャイナ教に対するヒンドゥー教の優勢に影響したという。

【MEMO】

【地図】海岸寺院の [★★★]

☐ 海岸寺院 Shore Temple

海岸寺院

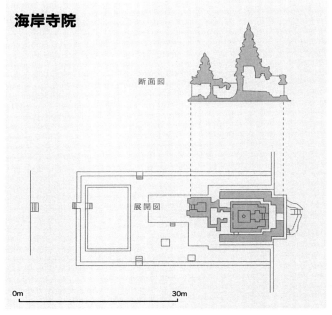

断面図

展開図

0m　　　　　　　　30m

マハーバリプラム

石窟寺院北群
クリシュナのバターボール
East Raja Road
石窟寺院中央群
アルジュナの苦行
Beach Road
石窟寺院南群
海岸寺院
海岸寺院

0km　　　　　　　　1km

Guide, Mandapas Central
中央群鑑賞案内

海岸から500mほど離れてそびえる花崗岩の丘陵
パッラヴァ朝の王は、この丘を開削し
ヒンドゥー神話や神々が彫りこまれていった

アルジュナの苦行 Arjuna's Penance ［★★★］

丘陵東側にちょうど海に向かって屏風のように展開する『アルジュナの苦行』（『ガンジス河の降下』ともいう）。ガンジス河にたとえられる中央の裂け目を中心に、ふたつの巨大な岩石からなり、幅26m、高さ9mに渡って表現された彫刻群はヒンドゥー美術の傑作にあげられる。中央裂け目近くには両手を頭上にあげて左足で立つアルジュナ、裂け目には祈りをするナーガ（龍）とナーギー（龍女）、そしてそこへ向かう象など、『マハーバーラタ』に登場する神々、動物、小鳥などで埋め尽くされている。この彫刻が彫られた7世紀、

INDIA
南インド

▲左　アルジュナの苦行、あふれんばかりの神や神獣。　▲右　屏風のような石に彫刻が彫り込まれている

中央の裂け目に水が流れるしかけがあったと言われ、港の各箇所に水を送った設備跡も残っている。マハーバリプラムを往来する船や商人を迎えるモニュメントの役割を果たしていたと推測されている。

石窟とマンダパ

マハーバリプラムでは、花崗岩丘陵の地形を利用して10以上の石窟寺院が彫られている（インドの石窟寺院は、石材が豊富なマハラシュトラ州とタミルナードゥ州に多く残る）。パッラヴァ朝の石窟寺院はマンダパと呼ばれ、列柱の立つ広

【MEMO】

【地図】石窟寺院中央群

【地図】石窟寺院中央群の [★★★]
- [ ] アルジュナの苦行 Arjuna's Penance

【地図】石窟寺院中央群の [★☆☆]
- [ ] パンチャパーンダヴァ・マンダパ Panchapandava Mandapa
- [ ] クリシュナ・マンダパ Krishna Mandapa
- [ ] ガネーシャ・ラタ Ganesha Ratha
- [ ] タラシャヤナ・ペルマール寺院 Thalasayana perumal Temple
- [ ] ラーヤラ・ゴープラ Rayara Gopram

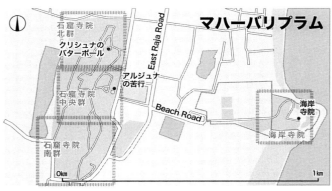

INDIA
南インド

▲左 パンチャパーンダヴァ・マンダパ、柱脚に獅子像が見える。　▲右 巨大な岩山をすべり台のようにして遊ぶ

間と神様をまつった祠堂からなる。7世紀前半のマヘンドラヴァルマン1世の時代にタミル地方ではじめて石窟が開削され、当初は装飾や彫刻も質素なものだった（マヘンドラ様式）。続くナラシンハヴァルマン1世の時代には寺院の柱や壁面に躍動的な神々とともに、四角柱だった柱の脚部分に獅子の彫刻が彫られるようになった（王の別名をとってマーマッラ様式と呼ばれる）。8世紀に入ったナラシンハヴァルマン2世の時代には岩石寺院はなくなり、柱の細いラージャシンハ様式の石窟寺院へと展開する。

【MEMO】

パンチャパーンダヴァ・マンダパ
Panchapandava Mandapa ［★☆☆］

丘のなかでももっとも規模の大きな石窟パンチャパーンダヴァ・マンダパ。6本の柱がならぶ7間の正面をもち、内部は未完成となっている（こちらもアルジュナの苦行を表現している）。また庇部分の彫刻は、のちに南方型寺院へ続いていく様式の祖型だという。

▲左　クリシュナ・マンダパの彫刻。　▲右　マハーバリプラムは観光地、インド料理店もならぶ

クリシュナ・マンダパ Krishna Mandapa ［★☆☆］

正面5間からなるクリシュナ・マンダパ。パッラヴァ朝時代の傑作彫刻のひとつ『ゴヴァルダナ山をもちあげているクリシュナ』が残っている。このマンダパの正面部は、ヴィジャヤナガル朝以後の15～16世紀の建造となっている。

【MEMO】

INDIA
南インド

Guide, Mandapas North
北群
鑑賞案内

INDIA 南インド

絶妙のバランスで立つクリシュナのバターボール
巨大な岩石から彫り出されたガネーシャ・ラタ
岩塊による存在感が際立つ

ガネーシャ・ラタ Ganesha Ratha [★☆☆]

巨大な花崗岩を繰り抜いて抽出された岩石寺院ガネーシャ・ラタ。高さ8.5mの三層からなり、壁面には神々の彫像が彫り出されている（切妻式屋根をもち、南のビーマ・ラタからガネーシャ・ラタをへて、ドラヴィダ式の門塔ゴープラへ続く様式だという）。ガネーシャ・ラタが建造された7世紀末のパッラヴァ朝時代には、本体内部の祠堂にはシヴァ・リンガがまつられていたが、20世紀になってガネーシャ神が安置された。

▲左　近づくと意外に大きい岩石寺院のガネーシャ・ラタ。　▲右　完成度の高いヴァラーハ・マンダパ

クリシュナのバターボール Krishna's Butter Ball ［★★★］

球形に近い姿をした巨大な花崗岩クリシュナのバターボール。クリシュナ神の好物バターボールにかたちが似ていることからこの名前がつけられた。一見すると不安定な印象を受けるが、見事なバランスを保ち、パッラヴァ朝の王が象を使ってこの岩を動かそうとしてもピクリともしなかったという。

▲左　丘陵の北端に位置するトリムールティ窟。　▲右　鮮やかなサリーをまとった女性

ヴァラーハ・マンダパ Varaha Mandapa ［★☆☆］

『アルジュナの苦行』のちょうど背後の丘に残るヴァラーハ・マンダパ（ヴァラーハとはヴィシュヌ神の化身「野猪」のこと）。マンダパ正面には獅子に支えられた美しい2本の柱が立ち、祠堂内部の北壁には「野猪に化身するヴィシュヌ」、南壁には「矮人に化身するヴィシュヌ」が見られる。規模は小さいが完成度が高い石窟寺院にあげられる。

【MEMO】

【地図】石窟寺院北群の [★★★]
- [ ] クリシュナのバターボール Krishna's Butter Ball
- [ ] アルジュナの苦行 Arjuna's Penance

【地図】石窟寺院北群の [★☆☆]
- [ ] ガネーシャ・ラタ Ganesha Ratha
- [ ] ヴァラーハ・マンダパ Varaha Mandapa
- [ ] トリムールティ窟 Trimurti Mandapa
- [ ] コティカール・マンダパ Kotikal Mandapa
- [ ] コネリ・マンダパ Koneri Mandapa

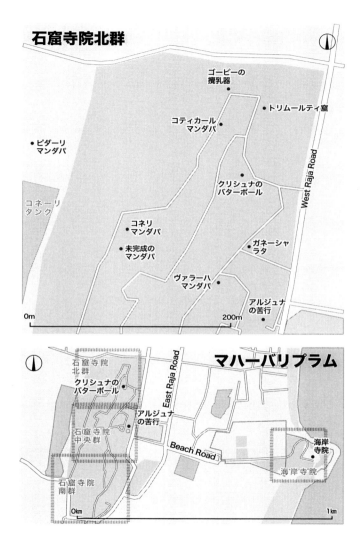

INDIA
南インド

トリムールティ窟 Trimurti Mandapa [★☆☆]

トリムールティ(三神一体)窟はブラフマー神、シヴァ神、ヴィシュヌ神のヒンドゥー教三大神をまつる石窟寺院。マンダパをもたず、祠堂のみを3つにならべた様式で、正面柱には守門神が立ち、美しい彫刻が見られる(向かって左からブラフマー神、シヴァ神、ヴィシュヌ神とならぶ)。

【MEMO】

INDIA
南インド

コティカール・マンダパ Kotikal Mandapa ［★☆☆］

正面 6.4 m、奥行き 3.1 m の石窟寺院コティカール・マンダパ。マハーバリプラムでも初期に開窟されたもので、女神がまつられていたという。

コネリ・マンダパ Koneri Mandapa ［★☆☆］

丘陵の西側に残る大規模な石窟寺院コネリ・マンダパ（幅 9.6 m）。簡素なマヘンドラ様式から、より装飾的なマーマッラ様式への移行過程にあるとされるが、未完成となっている。またコネリ・マンダパの南隣にも未完の石窟が残る。

Guide, Mandapas South
南群
鑑賞案内

INDIA
南インド

人々が畏怖するドゥルガー女神
世界に調和をもたらすというヴィシュヌ神
ヒンドゥー美術の真髄とも言える彫刻群が展開する

マヒシャマルディニー・マンダパ
Mahishasuramardini Mandapa [★☆☆]

丘陵地帯の南側に開かれた正面5間のマヒシャマルディニー・マンダパ。石窟内部の中央祠堂にはシヴァ・リンガがまつられ、その北側には高さ2.3m、左右3.3mの「水牛の魔神を退治するドゥルガー」、南側には「アナンタ蛇上に仰臥するヴィシュヌ」の彫刻が展開する（水牛のアスラをマヒシャという）。

ラーマヌージャ・マンダパ Ramanuja Mandapa ［★☆☆］

マヒシャマルディニー・マンダパ南から西側へのぼったところに残るラーマヌージャ・マンダパ。正面3間のマンダパは、獅子像に支えられた2本の柱をもつ。当初、シヴァ神に捧げられていたが、ヴィシュヌ派のものへ変わった。

アディ・ヴァラーハ Adi Varaha ［★☆☆］

丘陵の南西に残るアディ・ヴァラーハ。今でも信仰を集める生きた石窟寺院となっている。

【地図】石窟寺院南群

【地図】石窟寺院南群の ［★★★］
- [ ] アルジュナの苦行 Arjuna's Penance

【地図】石窟寺院南群の ［★☆☆］
- [ ] マヒシャマルディニー・マンダパ Mahishasuramardini Mandapa
- [ ] ラーマヌージャ・マンダパ Ramanuja Mandapa
- [ ] アディ・ヴァラーハ Adi Varaha
- [ ] ダルマラージャ・マンダパ Dharmaraja Mandapa
- [ ] ラーヤラ・ゴープラ Rayara Gopram
- [ ] タラシャヤナ・ペルマール寺院 Thalasayana perumal Temple
- [ ] クリシュナ・マンダパ Krishna Mandapa

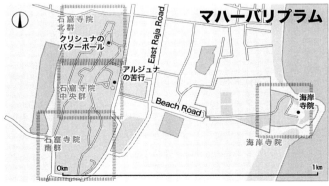

南インド

ダルマラージャ・マンダパ Dharmaraja Mandapa ［★☆☆］

7世紀前半のマヘンドラヴァルマン時代の石窟寺院ダルマラージャ・マンダパ。簡素だが重厚な柱をもち、石窟内部では3つの庵室が連なる。

ラーヤラ・ゴープラ Rayara Gopram ［★☆☆］

花崗岩丘陵の頂部に残るラーヤラ・ゴープラ。ヴィジャヤナガル朝時代のもので、未完成寺院の塔門となっている。

タラシャヤナ・ペルマール寺院
Thalasayana perumal Temple [★☆☆]

道をはさんで『アルジュナの苦行』の東側に立つタラシャヤナ・ペルマール寺院。15〜16世紀に建てられたヴィジャヤナガル朝時代の寺院で、ヴィシュヌ神がまつられている（四方に本殿より高い門塔ゴープラが立つ様式）。

Guide, Pancha Rathas
パンチャラタ鑑賞案内

巨大な岩塊を繰り抜いてつくられた岩石寺院5つのラタ
インドの岩石寺院でもっとも初期のもので
継ぎ目のない石の寺院は強い存在感を放っている

岩石寺院

ラタとは「車」を意味し、神々を乗せる山車や神殿に寺院がたとえられている。パンチャ・ラタは岩石寺院と呼ばれる様式をもち、それぞれの寺院全体がひとつの巨大な石から抽出されている（寺院の高さが異なるのは、もとの石のかたちによると推測される）。この岩石寺院では、岩の頂部から下へ向かって繰り抜くように彫刻していくため、上層部は完成しているが下部は未完であるものも目立つ。インドに15例あると言われる岩石寺院のなかで、マハーバリプラムには9つが残る。

▲左　もっとも南に位置するダルマラージャ・ラタ。　▲右　5つの山車が連続するヒンドゥー美術の傑作

パンチャ・ラタ（5つの山車）Pancha Rathas ［★★★］

南北に4つのラタが直線上にならび、もうひとつが少し離れて位置するパンチャ・ラタ。それぞれ『マハーバーラタ』に登場する5人の王子と、その共通の妻であるドラウパディーの名前がつけられ、周囲には牛や象、獅子の石像も見られる。ひとつひとつが特徴的なかたちをしていて、ヒンドゥー寺院の様式が完成する以前の仏教寺院、木造民家などのたたずまいを今に伝える。ナラシンハヴァルマン1世（630〜68年ごろ）の時代に創建された。

【MEMO】

【地図】パンチャラタ

【地図】パンチャラタの ［★★★］
- [ ] パンチャ・ラタ（5つの山車）Pancha Rathas

【地図】パンチャラタの ［★★☆］
- [ ] ダルマラージャ・ラタ Dharmaraja Ratha
- [ ] ビーマ・ラタ Bhima Ratha
- [ ] アルジュナ・ラタ Arjuna Ratha
- [ ] ドゥラパーダ・ラタ Draupadi Ratha
- [ ] ナクラサハデーヴァ・ラタ Nakula and Sahadeva Ratha

INDIA
南インド

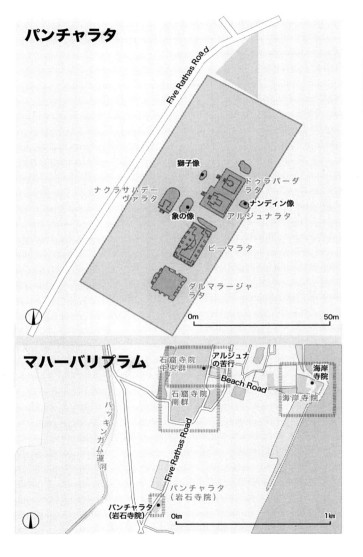

ダルマラージャ・ラタ Dharmaraja Ratha ［★★☆］

遺跡のもっとも南側に立つ正方形のダルマラージャ・ラタ。パンチャ・ラタのなかでもっとも高い 10.6 m、四層の建物で、上部はピラミッド状の屋根となっている。壁面にはシヴァ神やヴィシュヌ神などの彫刻がほどこされている。

ビーマ・ラタ Bhima Ratha ［★★☆］

南北 13.6 m、東西 7.6m の長方形のプランをもち、高さ 8m、二層からなるビーマ・ラタ。上部には馬蹄形の窓が見え、このラタの屋根はわら葺きの南インド農家の住居に起源をもつ

▲左　中央にあるややこぶりのアルジュナ・ラタ。　▲右　わら葺き屋根の民家を思わせるビーマ・ラタ

と言われる。のちにドラヴィダ式として発展する門塔建築の祖型とされ、ビーマ・ラタからガネーシャ・ラタ、巨大な門塔ゴープラへとつながっていった。

アルジュナ・ラタ Arjuna Ratha ［★★☆］

パンチャ・ラタ最南端のダルマラージャ・ラタを小型にしたたたずまいを見せるアルジュナ・ラタ。一辺3.5mの正方形のプランをもち、高さ6mの本体壁面には神像彫刻がほどこされている。このラタの階段状のピラミッド型屋根は、海岸寺院などのちの南方型寺院の本殿屋根へと受け継がれた。南

側にシヴァ神の乗りもの聖牛ナンディー像が残る。

ドゥラパーダ・ラタ Draupadi Ratha［★★☆］
ラタ全体に丸みがあり、女性的な印象を受けるドゥラパーダ・ラタ（ドラウパディーは、5人の王子共通の妻）。一辺3.4mの正方形プランをもち、高さ5.5mのたたずまいはわら葺き屋根の民家を思わせる。内部にはドゥルガー女神がまつられている。

▲左 聖なる牛ナンディンはシヴァ神の乗りもの。　▲右　パンチャラタの先頭に立つドゥラパーダ・ラタ

ナクラサハデーヴァ・ラタ
Nakula and Sahadeva Ratha [★★☆]

ナクラ王子とサハデーヴァ王子のふたりの名前からつけられたナクラサハデーヴァ・ラタ。南北5.5m、東西3.4mのプランをもち、三層からなる本体の高さは4.9mで、インドの仏教石窟寺院に由来する前方後円型をしている（アジャンタなどで西インドに残るチャイティヤ窟と類似している）。このラタの東側には象の彫刻が見られる。

▲左 小さな街マハーバリプラムには多くの人が訪れる。 ▲右 寺院の壁面を神々が彩る

ヒンドゥー叙事詩『マハーバーラタ』

『マハーバーラタ』は『ラーマヤナ』とならぶインドの国民的叙事詩で、全18巻からなる世界史上もっとも長大な叙事詩。パーンドゥの5王子とドリタラーシュトラの100王子の戦いを軸に、さまざまな神話が盛り込まれ、4〜5世紀ごろのグプタ朝時代に成立した（この戦いはデリー北方で実際にあったとされる。叙事詩のなかではパンチャ・ラタに名前がつけられたパーンドゥの5王子が勝利する）。叙事詩の挿話にある『バカヴァッド・ギーター』はインド人に強い影響をあたえているとされ、兄弟が敵味方にわかれた戦場でクリ

【MEMO】

INDIA
南インド

シュナ神が「己のつとめをまっとうせよ」と説く。

Guide,
Around Mahabalipuram
郊外
城市案内

INDIA
南インド

南方型ドラヴィダ様式の寺院が残るティルカリクンドラム
野鳥の楽園ヴェダンサンガル
マハーバリプラムから内陸へと足を進める

ティルカリクンドラム Tirukalikundram ［★☆☆］

マハーバリプラムの西15kmに位置するティルカリクンドラム。古くから巡礼地があったとされ、バクタヴァツァーレシュヴァラ寺院は一辺120mの囲壁をもち、四方に高さ20mの門塔ゴープラを配する（ゴープラは時代がくだるごとに高くなり、この寺院が建てられたヴィジャヤナガル朝時代には本殿よりも高くなっている）。また標高160mの山上に立つヴェーダギリシュヴァラ寺院にはシヴァ神がまつられていて、麓から570段の石段を登って巡礼に訪れる人々が見られる。聖なる鷹が飛来すると言われ、この山は「聖なる鷹の山」

と呼ばれている。

ヴェダンサンガル Vedanthangal ［★☆☆］

マハーバリプラムから西 20 kmに位置するヴェダンサンガル。小さな湖が点在し、コウノトリやサギ、カワセミ、フラミンゴなどの渡り鳥が生息する。「水鳥の楽園」とたたえられ、18 世紀のイギリス統治時代にも注目を集めていた。

【地図】マハーバリプラムとチェンナイの [★☆☆]

- [ ] ティルカリクンドラム Tirukalikundram
- [ ] ヴェダンサンガル Vedanthangal

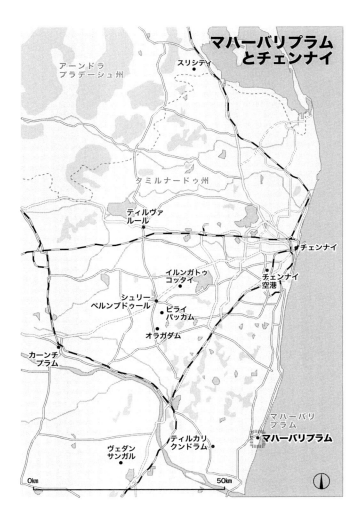

▲左　道端で見たシヴァ神の像。　▲右　潮風を受けて風化が進む海岸寺院

潮風を受けて

8世紀ごろ、マハーバリプラムには現在残る海岸寺院のほか、あわせて7つの塔がそびえていたと伝えられる。後世になって海が陸を侵食したことで、ひとつを残して海中に水没し、海中には沈んだ寺の一部が見られるという。また残ったただひとつの海岸寺院も1000年以上潮風を受けてきたため、風化による痛みがはげしく、次世代への保存が課題となっている（20世紀なかごろまで、海岸寺院の付属物はほとんど埋まり、当時は寺院に直接波しぶきがあたっていたが、防波堤が整備された）。

石の芸術
石のインド

木造寺院から石窟寺院、石積寺院へ
良質な石材に恵まれたインドでは
ヨーロッパ、中東とならんで石づくりの建築が見られる

石とインド

南インドでは、紀元前1000年ごろから1世紀にかけて大型の巨石を使った巨石墓がつくられていた。こうした巨石文化は北インドでは見られず、スリランカ北部やマハラシュトラ州へ連続する。紀元前2世紀ごろ、インドで石窟寺院が彫られるようになったのは、ローマ交易が栄えて仏教徒の商人層が台頭し、石窟寺院を寄進したことにちなむ（そのためガンジス河中流域と西インドの港を結ぶ街道沿いに点在する）。南インドで本格的に石造寺院が発展するのは7世紀ごろからで、パッラヴァ朝（6～8世紀）のもとで石窟寺院、また石

▲左 マハーバリプラムには石工が多く暮らしている。 ▲右 クリシュナのバターボール、転げそうで転げない

積寺院が建設された。

マハーバリプラムから東南アジアへ

古い時代、インド人は東南アジアに黄金郷を求めて海を渡り、マハーバリプラムでは紀元前後の船着場跡も確認されている。6〜8世紀のパッラヴァ朝のもとこの港はとくに栄え、インド人僧や商人の東南アジア進出とともにパッラヴァ朝の建築様式や文化、文字が伝わり、東南アジアに絶大な影響をあたえることになった。チャンパ王国ではパッラヴァ・グランタと呼ばれる書体の石碑やパッラヴァ朝様式の彫刻が、タ

INDIA
南インド

イのタクアパー遺跡ではタミル語の銘文が残るほか、タイ語、ラオス語、カンボジア語、ビルマ語の文字は南インドから伝わったものを発展させたのだという。

美しきプロポーション

ヒンドゥー彫刻の美しいプロポーションは、古代に記された技術書にもとづいて彫られている。まず石材に縦の軸線をひいて頭部、首、胴体、足のブロックの比率を決め、そこから細部に彫り進めていく(南インドでは女神が胴長といった特徴もある)。ヒンドゥー教では神々の力の作用が重視され、

Mahabalipuram　石の芸術石のインド

▲左　石の丘陵にたたずむ人びと。　▲右　マハーバリプラムからカーンチプラムやエローラに寺院様式が受け継がれた

主題は『マハーバーラタ』『ラーマヤナ』などのヒンドゥー神話からとられている。こうした職人は世襲でその伝統技術を後世に伝え、マハーバリプラムには今でも多くの石工が暮らしているという。

参考文献

『南インドのヒンドゥー教石窟』（肥塚隆 / 仏教芸術）

『ヒンドゥー教の美術』（石黒淳 / みづゑ）

『南アジア史3南インド』（辛島昇 / 山川出版社）

『インド建築案内』（神谷武夫 /TOTO出版）

『世界歴史の旅南インド』（辛島昇 / 山川出版社）

『南インドの建築入門』（佐藤正彦 / 彰国社）

『世界美術大全集インド』（肥塚隆・宮治昭 / 小学館）

『世界大百科事典』（平凡社）

まちごとパブリッシングの旅行ガイド
Machigoto INDIA , Machigoto ASIA , Machigoto CHINA

【北インド - まちごとインド】

001 はじめての北インド
002 はじめてのデリー
003 オールド・デリー
004 ニュー・デリー
005 南デリー
012 アーグラ
013 ファテープル・シークリー
014 バラナシ
015 サールナート
022 カージュラホ
032 アムリトサル

【西インド - まちごとインド】

001 はじめてのラジャスタン
002 ジャイプル
003 ジョードプル
004 ジャイサルメール
005 ウダイプル
006 アジメール（プシュカル）
007 ビカネール
008 シェカワティ
011 はじめてのマハラシュトラ
012 ムンバイ
013 プネー
014 アウランガバード
015 エローラ
016 アジャンタ
021 はじめてのグジャラート
022 アーメダバード
023 ヴァドダラー（チャンパネール）

024 ブジ（カッチ地方）

【東インド - まちごとインド】

002 コルカタ
012 ブッダガヤ

【南インド - まちごとインド】

001 はじめてのタミルナードゥ
002 チェンナイ
003 カーンチプラム
004 マハーバリプラム
005 タンジャヴール
006 クンバコナムとカーヴェリー・デルタ
007 ティルチラパッリ
008 マドゥライ
009 ラーメシュワラム
010 カニャークマリ
021 はじめてのケーララ
022 ティルヴァナンタプラム
023 バックウォーター（コッラム〜アラップーザ）
024 コーチ（コーチン）
025 トリシュール

【ネパール - まちごとアジア】

001 はじめてのカトマンズ
002 カトマンズ
003 スワヤンブナート

004 パタン
005 バクタプル
006 ポカラ
007 ルンビニ
008 チトワン国立公園

010 アルダビール

【北京 - まちごとチャイナ】

001 はじめての北京
002 故宮（天安門広場）
003 胡同と旧皇城
004 天壇と旧崇文区
005 瑠璃廠と旧宣武区
006 王府井と市街東部
007 北京動物園と市街西部
008 頤和園と西山
009 盧溝橋と周口店
010 万里の長城と明十三陵

【バングラデシュ - まちごとアジア】

001 はじめてのバングラデシュ
002 ダッカ
003 バゲルハット（クルナ）
004 シュンドルボン
005 プティア
006 モハスタン（ボグラ）
007 パハルプール

【天津 - まちごとチャイナ】

001 はじめての天津
002 天津市街
003 浜海新区と市街南部
004 薊県と清東陵

【パキスタン - まちごとアジア】

002 フンザ
003 ギルギット（KKH）
004 ラホール
005 ハラッパ
006 ムルタン

【上海 - まちごとチャイナ】

001 はじめての上海
002 浦東新区
003 外灘と南京東路
004 淮海路と市街西部
005 虹口と市街北部
006 上海郊外（龍華・七宝・松江・嘉定）
007 水郷地帯（朱家角・周荘・同里・甪直）

【イラン - まちごとアジア】

001 はじめてのイラン
002 テヘラン
003 イスファハン
004 シーラーズ
005 ペルセポリス
006 パサルガダエ（ナグシェ・ロスタム）
007 ヤズド
008 チョガ・ザンビル（アフヴァーズ）
009 タブリーズ

【河北省 - まちごとチャイナ】

001 はじめての河北省
002 石家荘
003 秦皇島
004 承徳
005 張家口
006 保定
007 邯鄲

【江蘇省 - まちごとチャイナ】

001 はじめての江蘇省
002 はじめての蘇州
003 蘇州旧城
004 蘇州郊外と開発区
005 無錫
006 揚州
007 鎮江
008 はじめての南京
009 南京旧城
010 南京紫金山と下関
011 雨花台と南京郊外・開発区
012 徐州

【浙江省 - まちごとチャイナ】

001 はじめての浙江省
002 はじめての杭州
003 西湖と山林杭州
004 杭州旧城と開発区
005 紹興
006 はじめての寧波
007 寧波旧城
008 寧波郊外と開発区
009 普陀山
010 天台山
011 温州

【福建省 - まちごとチャイナ】

001 はじめての福建省
002 はじめての福州
003 福州旧城
004 福州郊外と開発区
005 武夷山
006 泉州
007 厦門
008 客家土楼

【広東省 - まちごとチャイナ】

001 はじめての広東省
002 はじめての広州
003 広州古城
004 天河と広州郊外
005 深圳（深セン）
006 東莞
007 開平（江門）
008 韶関
009 はじめての潮汕
010 潮州
011 汕頭

【遼寧省 - まちごとチャイナ】

001 はじめての遼寧省
002 はじめての大連
003 大連市街
004 旅順
005 金州新区

006 はじめての瀋陽
007 瀋陽故宮と旧市街
008 瀋陽駅と市街地
009 北陵と瀋陽郊外
010 撫順

【重慶 - まちごとチャイナ】

001 はじめての重慶
002 重慶市街
003 三峡下り（重慶〜宜昌）
004 大足

【香港 - まちごとチャイナ】

001 はじめての香港
002 中環と香港島北岸
003 上環と香港島南岸
004 尖沙咀と九龍市街
005 九龍城と九龍郊外
006 新界
007 ランタオ島と島嶼部

【マカオ - まちごとチャイナ】

001 はじめてのマカオ
002 セナド広場とマカオ中心部
003 媽閣廟とマカオ半島南部
004 東望洋山とマカオ半島北部
005 新口岸とタイパ・コロアン

【Juo-Mujin（電子書籍のみ）】

Juo-Mujin 香港縦横無尽
Juo-Mujin 北京縦横無尽
Juo-Mujin 上海縦横無尽

【自力旅游中国 Tabisuru CHINA】

001 バスに揺られて「自力で長城」
002 バスに揺られて「自力で石家荘」
003 バスに揺られて「自力で承徳」
004 船に揺られて「自力で普陀山」
005 バスに揺られて「自力で天台山」
006 バスに揺られて「自力で秦皇島」
007 バスに揺られて「自力で張家口」
008 バスに揺られて「自力で邯鄲」
009 バスに揺られて「自力で保定」
010 バスに揺られて「自力で清東陵」
011 バスに揺られて「自力で潮州」
012 バスに揺られて「自力で汕頭」
013 バスに揺られて「自力で温州」

【車輪はつばさ】
南インドのアイラヴァテシュワラ寺院には建築本体に車輪がついていて寺院に乗った神さまが人びとの想いを運ぶと言います。

・本書はオンデマンド印刷で作成されています。
・本書の内容に関するご意見、お問い合わせは、発行元の
　まちごとパブリッシング info@machigotopub.com までお願いします。

まちごとインド
南インド004マハーバリプラム
～浜辺に展開する「石刻芸術の世界」［モノクロノートブック版］

2017年11月14日　発行

著　者	「アジア城市（まち）案内」制作委員会
発行者	赤松　耕次
発行所	まちごとパブリッシング株式会社 〒181-0013　東京都三鷹市下連雀4-4-36 URL　http://www.machigotopub.com/
発売元	株式会社デジタルパブリッシングサービス 〒162-0812　東京都新宿区西五軒町11-13 清水ビル3F
印刷・製本	株式会社デジタルパブリッシングサービス URL　http://www.d-pub.co.jp/

MP035

ISBN978-4-86143-169-2 C0326　　　Printed in Japan
本書の無断複製複写（コピー）は、著作権法上での例外を除き、禁じられています。